novum pro

Jacqueline Widmer

Nach den Indigo – Die Kristallkinder sind da!

Heißen wir sie willkommen.

novum pro

Bibliografische Information der Deutschen Nationalbibliothek:

Die Deutsche Nationalbibliothek verzeichnet diese Publikation in der Deutschen Nationalbibliografie. Detaillierte bibliografische Daten sind im Internet über http://www.d-nb.de abrufbar.

ISBN 978-3-99048-500-2
Lektorat: Volker Wieckhorst
Umschlagfotos: Jacqueline Widmer, Tainar | Dreamstime.com
Umschlaggestaltung, Layout & Satz: novum Verlag
Innenabbildungen: Jacqueline Widmer (36)

Die von der Autorin zur Verfügung gestellten Abbildungen wurden in der bestmöglichen Qualität gedruckt.

Gedruckt in der Europäischen Union auf umweltfreundlichem, chlor- und säurefrei gebleichtem Papier.

www.novumverlag.com

Sie sind da – die neuen Menschen. Die meisten noch klein im Kindergarten vielleicht, aber so viele sind schon da.

Sie helfen uns, das neue Zeitalter auf der Erde aufzubauen.

Ein Zeitalter von Freude, von Frieden, von Glück, eben das vor langer Zeit prophezeite Paradies auf Erden.

Wir können uns darauf und auch schon darüber freuen. Denn die Zeit des Leidens, des Darbens, der Unterdrückung ist endlich vorbei. Hier sind sie auf der Erde inkarniert, weil wir normalen Menschen, wenn ich das so sagen darf, es nicht schaffen würden ohne ihre Hilfe.

Eine große Umstellung ist das für Menschen – weg vom Krieg, hin zu Frieden, weg von Unterdrückung, hin zur Freiheit. Weg von Fremdbestimmung, hin zur Selbstbestimmung. Nicht einfach, aber mit der Hilfe von diesen Kindern werden wir das schaffen. Sehr schnell sogar. Denn sie lassen das Alte nicht mehr zu. Sie verstehen es auch nicht. Es gibt keine Angst für sie, deshalb ist Fremdmanipulation auch nicht mehr möglich. Keine Art von Eifersucht ist mehr möglich, denn keiner will wie der andere sein. Jedes Wesen ist einzigartig und entfaltet seine Schönheit in diesem Sinne. Es hat keinen Zweck, irgendetwas oder irgendjemand anderes zu sein. Es fühlt sich nicht gut an. Es fühlt sich fremd an.

7-jähriges Kristallkind: Mami, ich gehe nicht zur Schule, denn das, was ich für dieses Leben wissen muss, kann ich auch zu Hause lernen.

Kinderleichte Anleitung für Eltern
und andere Bezugspersonen:
Immer einen Schritt zurück
und lachen über sich selbst.
Nie den Humor verlieren.
Viel in die Natur gehen.
Die Kinder mit großen Augen
bestaunen und bewundern,
das lieben sie sehr.

Nur der Gedanke, sich selber zu sein, nur das eigene Gefühl, nur das eigene Fühlen ist möglich und fügt sich später zu einem Ganzen zusammen. Das allein gar nicht verstanden werden kann.

Die Liebe zu sich selbst, heute noch als negativ angeschauter Egoismus und so an den Pranger gestellt, ist die Lösung für eine Erlösung auf geistiger Ebene.

Wir wissen schon: Wer sich selbst nicht liebt, ist auch nicht fähig, jemand anderen zu lieben. So einfach tönt das. Jeder weiß es. Und können wir es?

Spiel macht Sinn, Spaß macht Sinn,
Lieben macht Sinn, Freude macht Sinn,
Essen und Trinken machen Sinn –
eben Lebens-Sinn!

Kristallkinder haben noch sehr viel Arbeit vor sich. Sie wollen Schatten auflösen. Schatten in und um die Menschen. Unaufgedeckte Wahrheiten. Die als Schatten Unwahrheiten sind. Sie müssen alle erlöst werden. Ansonsten kann das Wesen, die Seele nicht durch den Menschen leuchten. Fallen die Schatten, werden sie erlöst, so lösen sich auch alle für nichts mehr nötigen Konstrukte auf.

Konstrukte, die von Menschen aus Angst und aus Gier aufgebaut wurden, um zu manipulieren, zu verängstigen und Menschen klein und brav zu halten.

Da genau machen die Kristallkinder nicht mit. Sie sehen hin und fragen – warum das? Das gefällt mir nicht, das braucht es nicht. Sie können erschüttern, uns erschüttern, denn sie **machen nicht mit**. Sie leben anders, direkt, gradlinig, lassen alles Unnötige und Verstaubte links liegen.

4-jähriges Kristallkind: Mami, wenn da in der Schule auch noch Hausaufgaben gemacht werden müssen, dann machst du die!

Kinderleichte Anleitung für Eltern
und andere Bezugspersonen:
Natürlich brauchen die Kinder Grenzen,
die geben ihnen Halt und das Gefühl,
geliebt und betreut zu sein.
Gemeinsam essen, gemeinsam spazieren,
Kinder lieben Gemeinsamkeiten in der Familie.
Die Kinder immer lieben,
auch wenn diese dabei sind,
ihre ganze Welt auf den Kopf zu stellen.
Glauben Sie,
die Welt wird dadurch immer schöner.
Und das im Schnellgang.

Uns irritiert das, wir sind es gewohnt, all diese Hilfsmittel wie Krücken zu nutzen. Wir denken, wir können nicht ohne diese leben. Ja wir sehen sie nicht einmal, wir erkennen sie nicht, aber wir gebrauchen sie, wir sind es gewohnt. Wir sind ängstlich, was machen wir ohne Krücken?

Kristallkinder sind! Sie kümmern sich nicht darum, was sie sein könnten. Sie sind, was sie sind. Das heißt, sie sind nicht eifersüchtig, denn sie wollen nicht jemand anderes sein und sie wollen nicht das, was der andere hat. Sie holen sich im Leben das, was sie wollen. Sie erreichen, was sie wollen. Gäbe es nur Kristallkinder auf der Erde, würde es augenblicklich keine Kriege mehr geben, keine Korruption. Nichts von all dem. Nur Licht und Liebe strahlen sie aus. Und sie korrigieren uns alte Menschen. Sie sehen unsere Schatten und machen uns darauf aufmerksam.

So ist so mancher Erwachsene quasi erschüttert, aus so kleinem Mund so weise Worte zu hören. Wenige Worte, aber genau die richtigen. Diejenigen, die ins Schwarze treffen und somit eine Korrektur bewirken. Schatten unterdrückter Probleme und Ängste auflösen.

Kristallkinder werden nicht bereit sein, unnötige Dinge zu tun. Oder Veraltetes zu erlernen. Für was? Werden sie fragen. Was soll das? Werden sie fragen. Sie werden in Kürze die gesamten Schulsysteme auf den Kopf stellen. Infrage stellen. Viele Dinge werden wegfallen aus unserem Leben. So viel Ballast wurde in den letzten Jahrhunderten mitgetragen und aufgebaut. Jetzt wird so vieles über Bord geworfen. Und wir werden glücklich sein und uns um so vieles leichter fühlen.

**Kinderleichte Anleitung für Eltern
und andere Bezugspersonen:
Die Kinder brauchen viel Schlaf,
stecken Sie sie also früh ins Bett,
natürlich mit Geschichtenerzählen, Lachen,
Singen und Gute-Nacht-Kuss,
und danach tun sie all das,
was Ihnen die Kinder tagsüber verboten haben,
zum Beispiel viel zu viel Essen, viel fernsehen,
Alkohol trinken, rauchen, fluchen –
und was noch so alles anfällt.**

Und wenn die Kinder morgens aufwachen oder geweckt werden, begrüßen Sie diese mit einem breiten Lächeln.

7-jähriges Kristallkind nach dem 2. Schultag: Mami, du hast mich angelogen, diese Schule, die brauche ich nicht!

Es gibt keine Gefahr hier auf der Erde. Sobald es keine Kriege und keine Korruption mehr gibt, können wir gefahrlos und glücklich leben. Der Tod bedeutet keine Gefahr und sollte bald sein gespenstisches Aussehen verlieren. Sterben bedeutet Übergang in eine andere Welt. Bedeutet das Ende von einem Leben, von denen wir schon so viele hatten und auch noch weitere haben dürfen. Keine Freunde gehen verloren, kein Einziger. Wir sehen sie alle wieder, vorausgesetzt, der Wunsch dazu ist da. Wir sehen sie drüben im Jenseits, wir sehen sie im nächsten Leben.

Nichts geht verloren, was uns von Wert ist. Einzig der Körper, der gehört zur Erde, ist aus Erde von uns geformt und fällt dahin zurück, wenn wir ihn verlassen mit unserem Seelenstrahl. Fürs nächste Leben formen wir uns einen neuen. Zum Glück – oder?

Kinderleichte Anleitung für Eltern
und andere Bezugspersonen:
Fußball spielen, überhaupt viel Sport und Spiel.
Tierfilme anschauen.
Nach Tieren schauen draußen.
Haustiere halten.
Sich am Boden wälzen vor Lachen.
Spielerisch Lesen und Rechnen üben,
auch wenn sie noch gar nicht
in die Schule gehen.
Sie werden staunen
über die Intelligenz der Kinder!

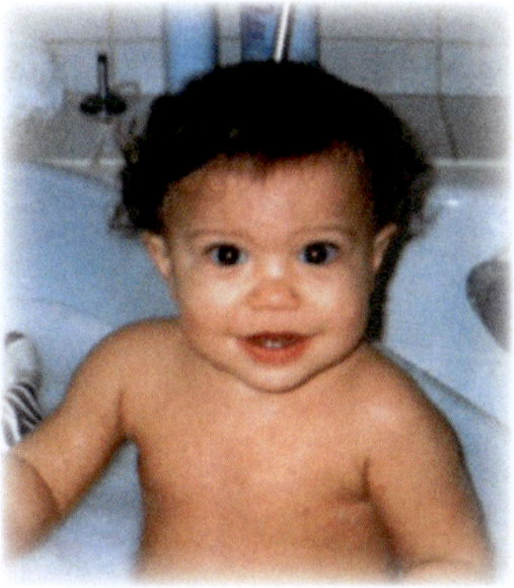

Der Körper nimmt vieles auf im Laufe unseres oft langen Lebens. Unterdrückte Schatten werden so in der Physis sichtbar. Der Körper zwingt uns damit, hinzuschauen und aufzulösen.

Vieles übergeben wir so einem Arzt. Aber wie kann ein Arzt unsere Schatten, unsere unterdrückten Schmerzen, unsere unterdrückten Ängste und die ganze Wut auflösen?

Sicher, er kann da und dort etwas helfen. Er kann sogar manchmal Leben verlängern. Manchmal sind aber die Konditionen dazu nicht gerade wunderbar und angenehm, beim so verlängerten Leben.

16-Jähriger aus der Kristallebene: Mami, das mach ich auf keinen Fall mit, ich gehe nicht jeden Tag acht Stunden arbeiten, da verzichte ich lieber auf den gewünschten Ferrari.

Kristallkinder sind Seelen, die von einer höheren Ebene herkommen als die meisten von uns Menschen. Natürlich gibt es in der geistigen Ebene eine Hierarchie, und Kristallkinder sind weit. Eben kommen sie aus dieser Kristallebene. Sie wird so genannt wegen der Klarheit und Reinheit. Kristallkinder haben kein Karma und verwickeln sich auch in keines. Karma ist Ursache und Wirkung. Sie sind frei davon. Denn sie sind klar, kristallklar und rein. Sie tun uns nichts an. Wir können ihnen nichts antun. Weil kein Schatten an ihnen haften bleibt.

Im Moment ist es ziemlich dunkel hier auf der Erde. Viele Kriege noch, viele Schatten. Alles Schatten, von Menschen produziert. Es wird sich vieles oder alles verändern, jetzt, ziemlich schnell sogar. Das Ziel ist, dass alle Menschen das Herz öffnen und offen behalten. Dabei helfen sie uns, diese neuen Seelen, die extra von einer solch hohen Ebene in diese dichte Energie der Erde sich inkarnieren.

3-Jähriges Kristallkind: Wenn ich etwas tun will, dann darf ich das auch!

Kristallkinder sind zu erkennen an ihrer Schönheit und an ihrer Kraft. Meistens haben sie große strahlende Augen, oft blau, nicht immer natürlich. Wohlproportionierte Körper haben sie. Sie haben enorme Ausdauer im Spielen, viel Kraft im Sport. Sind sehr gerne draußen in der Natur. Sie lieben Tiere und strahlen alle Menschen an. Abends sind sie nie müde, brauchen aber unbedingt viel Schlaf, damit sie sich von der anstrengenden Arbeit erholen können.

Natürlich arbeiten sie nicht über den Verstand. Sie reagieren auf Emotionen. Auch auf sehr versteckte und unterdrückte Emotionen. Das kann sehr schmerzhaft sein für Menschen, die sich wirklich öffnen für diese wunderbaren Kinder. Wir sind so konzipiert, dass wir Schattenthemen lieber verdrängen, als dass wir uns ihnen stellen. Eben weil es sehr schmerzhaft sein kann.

Sie sind da, die neuen Seelen, sie helfen uns, und so wird der Zustand der Rasse Mensch auf der Erde sich immens schnell verändern, das heißt verbessern. Sobald die Menschen ihr Herz offen haben, fühlen sie sich sehr viel besser. Geschlossen ist das Herz eines Menschen, weil er Angst hat. Angst, verletzt zu werden vom Gegenüber. Keine Verletzungen entstehen mehr, sobald alle Herzen offen sind. Die Tiere werden glücklich sein über diesen Wandel. Sie leiden, wenn sie mit Menschen zusammen sind, die ihr Herz geschlossen haben.

Trotzdem, das wissen wir, sind sie stets unsere treuesten Freunde geblieben. Sie freuen sich, freuen sich sehr. Wer hinhört, wie die Vögel singen, der kann miterleben, wie sehr sich die Tiere freuen über diesen Wandel auf der Erde.

Sie sagen, das Paradies auf Erden ist nahe, und wir sind glücklich darüber. Sehr glücklich. Denn auch wir haben immer in diese eine Richtung gearbeitet, das Herz des Menschen zu öffnen. Auf dass er erkennt, woher er kommt und wohin er geht. Auf dass er jede Angst verliert.

Die Angst des Menschen entsteht auch dadurch, dass er der Meinung ist, dieser Körper, in dem er wohnt, sei sein Ein und Alles. Vielleicht noch das Haus um ihn herum, das Land, der Besitz, das Geld. Das sind im großen Sinne gesehen Nichtigkeiten. Diese zerfallen wirklich eines Tages ins Nichts. Wandeln sich zurück in die Urmaterie. Aber die Seele, das Wissen, das Sein, das Ich, das bleibt auf immer und ewig. Wir verlieren keine von uns geliebte Seele, sei es von Mensch oder Tier. Wir bleiben für immer und ewig in Verbindung. Wenn das der Wunsch ist …

Die Kristallkinder, die wissen tief im Innersten von all dem. Und sie kennen keine Angst. Sie wollen dieses Wissen an uns weitergeben. Nicht mit Worten, durch Beispiele, durch ihr Sein, durch ihre unbändige Lebenskraft. Durch ihre immens große Freude am Leben selbst. Durch ihre so große immerwährende Liebe.

**Kinderleichte Anleitung für Eltern
und andere Bezugspersonen:
Rätselspiele machen.
Sich von den Kindern verwirren lassen
und diesen Zustand genießen.
Ebenso laut sein wie die Kinder –
und das will bei diesen Kindern was heißen!**

Kristallkinder sind treu. Sie behüten ihre Eltern, ihre Familie. Sehr gerne auch die Großeltern. Es ist ein schwieriges Unterfangen, Kristallkinder von ihrer auserwählten Familie wegzunehmen. Auch nur für einige Stunden und schon gar nicht für Tage oder länger.

Sie nehmen ihren Job und ihre Aufgabe sehr ernst. Sie arbeiten an der Herzöffnung ihrer Familie. Was gibt es Wichtigeres? Nichts! Später, wenn sie größer sind, übernehmen sie dieselbe Aufgabe für ihre Lehrer, für Arbeitgeber, für Kolleginnen und Kollegen. Einfach da, wo sie sind, da wirken sie.

Kinderleichte Anleitung für Eltern
und andere Bezugspersonen:
Versuchen Sie den ganzen Tag über,
Spaß zu haben mit den Kindern.
Verschieben Sie das Weinen,
Wütendsein, Traurigsein,
die Melancholie auf die Nacht.
Es gibt ja schon immer noch oft Gründe
für all diese Emotionen.

Kristallkinder sind Wesen aus der 7. Ebene. Sie inkarnieren jetzt in die für sie sehr dichte Energie auf der Erde. Freiwillig, um uns beizustehen. So erhöhen auch wir unsere Energie und somit hat auch die Erde die Möglichkeit, ihre Energie zu erhöhen und aufzusteigen. Wir wissen darum. Denn bevor wir uns in diesen Körper inkarniert haben, wussten wir davon und freuten uns darauf, diesen Prozess voll bewusst mitzumachen und gleichzeitig noch altes Karma zu lösen.

Und somit können auch wir uns auf eine höhere Schwingungsebene begeben. Was uns sehr gefallen wird.

So bereitet das Leben Freude. Nicht alle bleiben noch lange hier. All diese Menschen, die sich jetzt auf der Erde befinden, profitieren aber sehr von diesem Prozess. Es dient der Seele in einem riesigen Ausmaß.

So kann auch unsere Dankbarkeit an all die Indigo- und Kristallkinder sehr groß sein.

Es wäre nicht möglich ohne sie!

Kinderleichte Anleitung für Eltern
und andere Bezugspersonen:
Kristallkinder lieben
glänzende Gegenstände und Kleider.
Das ist ja klar,
da sie aus einer kristallinen Ebene kommen.
Gegenüber Argumenten von außen
immer auf der Seite Ihrer Kinder sein.
Sie sind immer im Recht.
Immer konzentriert zuhören,
wenn die Kinder Ihnen etwas erzählen.

Kristallkinder werden Systeme sprengen. Systeme, die veraltet sind und in denen sie keinen Sinn sehen. Systeme, die auch keinen Sinn ergeben oder keinen Sinn mehr ergeben. Sie werden sie nicht durch Sprechen oder durch Boykottieren sprengen. Es wird einfach so geschehen, weil sie nicht mitmachen. Sie verstehen den Sinn nicht von vielen veralteten Machtinstrumenten und werden sich so einfach, sehr einfach, weigern, bei solchen Sachen mitzumachen.

Sie werden auch nichts lernen wollen, was für sie keinen Sinn macht. So wie auch nichts, was sie nicht gebrauchen können. Ballast wird nicht aufgenommen.

Sie sind auch gekommen, um das Leben zu genießen und uns zu zeigen, wie das geht, ohne Gewalt und Unterdrückung zu leben.

Das wird bei vielen Menschen auch Angst und Gegenwehr auslösen. Weil viele noch an den alten Systemen festhalten wollen. Diese versprechen ihnen Macht, Geld und eingebildete Sicherheit.

Den Kristallkindern geht es um Glück und Glücklichsein. Und das ist nur möglich für sie, wenn alle – wirklich alle – ringsum es auch sind.

Also jeder hat gleich viel!

Die Kristallkinder sind da, und wie schon gesagt: Das ist ein großes Glück für uns, weil sie uns helfen, unsere hin und her schwankenden Herzen vollends zu öffnen. Sie funktionieren als Menschen nicht gleich wie wir, sie haben kein Karma, und somit tragen sie auch keine negativen Gefühle in sich. Natürlich reagieren sie auf die Unsrigen. Vor allem auf die unterdrückten, verabscheuten Gefühle wie Hass, Neid, Missgunst und so weiter. Wir geben uns alle Mühe, diese zu unterdrücken. Aber das funktioniert jetzt nicht mehr. Alles muss raus und somit auch durchlebt werden. Es ist alt und es ist unangenehm, aber es muss raus. Sozusagen ein großer Hausputz ist das. Diese Kinder holen das aus uns heraus, indem sie sich so krass, auffällig und laut verhalten, dass wir mit Emotionen auf sie reagieren. Natürlicherweise haben wir jedes Mal das Gefühl und den Eindruck, dass wir wegen des Kindes diese Emotionen haben. Aber das ist nicht so. Kein Mensch kann Wut in einen anderen hineinpflanzen. Sie ist schon da und kann, wenn unterdrückt – oder auch sonst – von jemand anderen aktiviert werden. So wird sie erlöst, kann raus. Das machen die Kristallkinder, und übrigens auch die Tiere, sehr gerne. Es ist unter anderem auch ihr Job.

Kinderleichte Anleitung für Eltern
und andere Bezugspersonen:
Den Kindern immer wieder sagen,
wie schön sie sie finden.
Mit den Kindern zusammen
lustige Filme anschauen.
Sie werden sehen:
Es ist alles eben kinderleicht und einfach.
Diese Tipps sind für alle Kinder anwendbar
und bringen schnelle Erfolge im Glücklichsein.
Wirklich verboten:
die Kinder auszulachen.
Die Kinder nachzuäffen.

Es ist so: Kristallkinder werden sich nicht mit unnötigen Sachen und Taten aufhalten. Sie wollen Freude empfinden und nicht Pflicht. Sie wollen Freiheit und Expansion erleben und nicht Enge. Alles werden sie sprengen, was eng und unnötig ist. Nicht mit Gewalt, natürlich nicht, sondern durch ihr Sein. Warum um zwölf essen, wenn kein Hunger da ist? Warum arbeiten, wenn Müdigkeit da ist? In uns „alten" Menschen keimt da sofort Angst auf, Angst vor Verlust, Angst davor, darben und büßen zu müssen. Es ist nicht so. Es gibt auf der Welt genügend Nahrung für alle, genügend Platz für alle, genügend Geld für alle. Das Problem war bis jetzt die ungerechte Verteilung, und das wird sich in nächster Zeit drastisch verändern. Zum Guten, zum Gerechten wenden. Eben weil die neuen Menschen nicht stehlen, nicht manipulieren, nicht lügen. Sie kennen das alles nicht und werden es auch nie und nimmer anwenden. Warum auch, wenn es doch genügend gibt, für alle. Das Leben ist da, um Spaß zu haben, und das wird bald der einzige Grund sein, weshalb und wofür ein Kind in ein Leben geboren wird.

Die Spatzen singen es schon lange von den Dächern. Wer hinhört, kann verstehen, erkennen und sich über alle Maßen freuen.

Ich starb tausend Tode! Das ist sehr bekannt – und wahr! Tausend Leben ungefähr.

Eine Seele hat ungefähr tausend Inkarnationen auf dieser Erde. Warum also irgendwelchen Rassismus hegen? Ich war mal schwarz, mal weiß, mal gelb, mal rot. Das kann fast jeder sagen. Klar, jede Seele hat bestimmte Affinitäten, liebt gewisse Gegenden, Kulturen, Klimata. Aber sie durchwandert alles mal. Zeit hat sie ja genügend, und diese gibt es nur auf der Erde. Jenseits gibt es keine Zeit. Unvorstellbar für uns in diesem Moment. Aber es ist so. Warum sich also Sorgen machen? Nichts und niemand geht je verloren. Das, was wir hier sehen, das ist die physische Manifestation von Energie. Alles, auch unser Körper.

Wir leben in ihm für die Dauer eines Lebens und kreieren uns im nächsten einen neuen. Passend zu jeder Idee eines Lebensentwurfes. Mann, Frau, schwarz, weiß.

Kristallkinder haben diese tausend Leben schon hinter sich. Sind vollkommen sozusagen. Und jetzt inkarnieren sie trotzdem wieder hier. Einerseits, um uns zu helfen, andererseits, weil es eine der interessantesten Zeiten auf Erden ist, die es je gegeben hat.

Natürlich ertragen sie diese dichte, für sie schon etwas niedrige Energie nicht immer mit Leichtigkeit. Aber so wie die Zeit voranschreitet, geht es für sie, ebenso für uns, immer besser. Immer leichter, immer freier.

Sie lieben die Natur, sie lieben die Tiere, sie lieben Himmel und Erde. Und sie werden sich sehr viel mehr freie Zeit und Bewegung gönnen, als wir es je getan haben. Natürlich können wir nur lernen von diesen kristallinen Wesen. Wir können sie anschauen, wir können ihnen zuhören, wir können ihnen zusehen in ihrem Tun. Das alles ist Bereicherung für uns. Und die beste Schule, die wir je hatten. Und das alles gratis!

Sehr dankbar sind wir den Kindern und Erwachsenen aus der Indigo-Ebene, die vorgängig eine Bresche geschlagen und Herzen von Eltern und Lehrern erschüttert und geöffnet haben.

Dies ist nicht das Ende – dies ist ein Neuanfang!
Und wenn Sie mich jetzt fragen:
„Ist mein Kind ein Kristallkind?“
Dann sage ich Ihnen:
Es spielt keine Rolle.
Lieben Sie Ihr Kind, wie es ist,
und Sie werden glücklich sein.
Es gibt keinen Grund zur Sorge!
Auch wenn es im Moment
chaotisch aussieht auf der Erde –
es entwickelt sich alles zum Besten.

Die Autorin

Jacqueline Widmer wurde 1959 in Gränichen im Schweizer Kanton Aargau geboren. Sie ist unter anderem Gärtnerin, Floristin, kaufmännische Angestellte, Medium für Mensch und Tier, Pflegehelferin, Märchenerzählerin, medialer Coach für Kristallkinder und ihre Bezugspersonen, Imkerin und Autorin.
Die Kristallkinder „entdeckte" sie vor einigen Jahren in Tram und auf den Straßen in der Stadt Bern, auf dem Weg zur damaligen Arbeitsstelle. Sie sieht es als ihre Aufgabe an, diesen Kindern und zum Teil auch schon Erwachsenen aus der Kristallebene einen Weg zu bahnen und es ihnen etwas zu erleichtern, sich in dieser Welt zurechtzufinden.
Ihre Freizeit verbringt sie gerne mit Tieren, im Garten und in der Natur allgemein.